DANZÔ

TSUNADE

SAÏ

KABUTO YAKUSHI

OROCHIMARU

YAMATO

EN COMPAGNIE DE SASUKE ET DE SAKURA, NARUTO, LE PIRE GARNEMENT DE L'ÉCOLE DES NINJAS DU VILLAGE CACHÉ DE KONOHA, POURSUIT SON APPRENTISSAGE.

ALORS QUE L'ÉPREUVE FINALE DE L'EXAMEN DE SÉLECTION DES NINJAS DE "MOYENNE CLASSE" BAT SON PLEIN, OROCHIMARU, ANCIEN NINJA DE KONOHA DEVENU RENÉGAT, LANCE L'ASSAUT SUR LE VILLAGE... MAÎTRE HOKAGE SE SACRIFIE POUR FAIRE AVORTER SES PLANS. IL SERA REMPLACÉ PAR TSUNADE, QUI DEVIENT AINSI LE 5E HOKAGE.

SASUKE, SÉDUIT PAR LE POUVOIR QUE LUI OFFRE OROCHIMARU, DÉCIDE ALORS DE QUITTER KONOHA POUR SUIVRE LES ENVOYÉS DU VILLAGE DU SON. NARUTO LE RATTRAPE ET LES DEUX AMIS SE LIVRENT UN TERRIBLE COMBAT. HÉLAS, RIEN NE PEUT EMPÊCHER LA DÉFECTION DE SASUKE.

DEUX ANNÉES S'ÉCOULENT, DURANT LESQUELLES NARUTO ET SES COMPAGNONS POURSUIVENT UN ENTRAÎNEMENT INTENSIF.

L'ORGANISATION SECRÈTE AKATSUKI ENLÈVE GAARA. AU COURS D'UN COMBAT CONTRE SES RAVISSEURS, NOS AMIS PARVIENNENT À OBTENIR UNE INFORMATION CAPITALE SUR SASUKE, ET SUR UN ESPION D'AKATSUKI INFILTRÉ CHEZ OROCHIMARU. L'UNITÉ KAKASHI DÉCIDE DE TENTER SA CHANCE ET VA À LA RENCONTRE DE CET AGENT DOUBLE... À LEUR GRANDE STUPEUR, C'EST KABUTO, LE FIDÈLE LIEUTENANT D'OROCHIMARU, QUI SE PRÉSENTE SUR LE LIEU DE RENDEZ-VOUS !

COMMENT RÉAGIRA SON MAÎTRE FACE À CETTE TRAHISON... LUI QUI OBSERVE TOUTE LA SCÈNE EN CACHETTE ?!

SOMMAIRE

290ᵉ épisode : Trahison et dénouement	7
291ᵉ épisode : Le levier de la colère !!	25
292ᵉ épisode : Troisième Queue...!!	43
293ᵉ épisode : Perte de contrôle !!	63
294ᵉ épisode : Quatrième Queue...!!	81
295ᵉ épisode : Vers Kyûbi...!!	99
296ᵉ épisode : Une conclusion dans les larmes	117
297ᵉ épisode : La mission de Saï !!	135
298ᵉ épisode : Mission top secret...!!	153
299ᵉ épisode : La source de ta force...!!	171

TRAHISON ET DÉNOUEMENT

À PROPOS DE LA MISSION QUE VOUS M'AVIEZ CONFIÉE...

MAÎTRE SASORI...

... MAIS SI NOTRE CONVERSATION SE POURSUIT PLUS LONGTEMPS, JE VAIS FINIR PAR ME TRAHIR !

ÇA SE COMPLIQUE ! J'AIMERAIS TELLEMENT LUI SOUTIRER D'AUTRES INFORMATIONS...

...

A H ...

...

J'AI PRÉLEVÉ DES ÉCHANTILLONS CELLULAIRES SUR LE CADAVRE QU'OROCHIMARU AVAIT JETÉ APRÈS SA RÉINCARNATION...

... MAIS JE N'AI PAS RÉUSSI À PERCER LEUR SECRET.

FWIIISH

IL AURAIT MIEUX FAIT DE L'ATTAQUER DIRECTEMENT !!

QU'EST-CE QU'IL FABRIQUE ?!

OUI, MAIS À FORCE DE TERGIVERSATIONS, JE DIS QU'IL RISQUE D'ÉVEILLER LES SOUPÇONS.

ET NOUS PERDRONS L'EFFET DE SURPRISE AU MOMENT DE PASSER À L'ACTION.

IL A RAISON D'ÊTRE PRUDENT.

IL A AFFAIRE À KABUTO, JE TE RAPPELLE...

AU MOINDRE DOUTE, IL DÉCAMPERA, ET TOUT SERA FICHU.

ZUD
ドォ…

!!

INTÉRESSANTE
CONVERSATION...

JE PEUX
ME JOINDRE
À VOUS,
PEUT-ÊTRE ?

STAP

FLUD

!!

KABUTO
ÉTAIT
SUIVI !

C'EST DONC LUI...?

!!

OROCHIMARU!!!

MAIS QUE FAIRE, MAINTENANT QU'OROCHIMARU EST LÀ ?

AU MOINS, JE N'AI PAS ENCORE ÉTÉ DÉMASQUÉ.

SI VOUS N'AVIEZ PAS SORTI VOTRE KUNAI, MAÎTRE SASORI...

... J'AURAIS COMPRIS TROP TARD...

FINISH

POOF

EH BIEN, JE VOULAIS TE REMERCIER...

... DE M'AVOIR ENVOYÉ CE GARÇON... IL M'A RENDU DE FIERS SERVICES.

TU AVAIS FILÉ KABUTO ?

OH ! CE COSTUME, QUE DE SOUVENIRS...

... SASORI.

CAR CE N'EST PAS FACILE DE SE PROCURER DES SUJETS...

GRÂCE À SON NINJUTSU MÉDICAL...

... J'AI PU RÉUTILISER PLUSIEURS FOIS LES MÊMES CORPS.

POUR DÉVELOPPER UNE NOUVELLE TECHNIQUE...

... IL ME FAUT CHAQUE FOIS PLUS DE CENT COBAYES.

14

SEUL, FACE À OROCHIMARU, JE N'AI PROBABLEMENT AUCUNE CHANCE. MAIS SI J'APPELLE MES TROIS HOMMES EN RENFORT, KABUTO DEVINERA MON IDENTITÉ ET ÇA NE SERA PAS COMMODE DE LE CAPTURER.

ON NE BOUGE PAS SANS INSTRUCTION DU CHEF.

ET MAINTENANT, QU'EST-CE QU'ON FAIT ?

IL FAUDRA DONC LES AFFRONTER TOUS LES DEUX... OU BIEN ME RETIRER.

IL N'Y A PAS D'AUTRE ALTERNATIVE.

SI J'ENGAGE UN COMBAT CONTRE OROCHIMARU AVEC L'AIDE DE KABUTO, IL COMPRENDRA TOUT DE SUITE QUE JE NE SUIS PAS SASORI D'APRÈS MON STYLE DE COMBAT.

FWAM

BZUM

ブウウン…

?!!

CHAK

TSS...

'TAMP

NE ME DIS PAS QUE...

TIENS DONC ! UNE TECHNIQUE DE PERMUTATION MOKUTON...

MAÎTRE OROCHIMARU... C'EST DONC LUI, LE VÉRITABLE SASORI ?

SDOBAM

IL SE CACHAIT TOUJOURS DANS SON PANTIN.

DANS LE GENRE SINISTRE...

KABUTO... TU ÉTAIS UN SOUS-FIFRE DE SASORI, ET TU NE CONNAIS PAS SON VISAGE ?

NON, PAS DU TOUT.

TU ÉTAIS CENSÉ ÊTRE SOUS LE CONTRÔLE DE SASORI.

KABUTO... TU ÉTAIS L'ESPION D'AKATSUKI.

...

QU'EST-CE QUE ÇA SIGNIFIE ?

À MOINS QU'IL NE S'AGISSE D'UN SORT D'OROCHI-MARU, PEUT-ÊTRE...

TU FEIGNAIS D'ÊTRE ENCORE SOUS CONTRÔLE, ALORS QUE TU AVAIS CHANGÉ DE CAMP ?

...

IL Y A BIEN LONGTEMPS QUE MAÎTRE OROCHIMARU A BRISÉ CE SORT...

OROCHIMARU M'A SIMPLEMENT RALLIÉ À SA CAUSE.

DÉTROMPEZ-VOUS.

C'EST SASORI QUE J'ATTENDAIS... POUR LE LIQUIDER. ON PEUT DIRE QUE J'AI ÉTÉ SURPRIS !

...

MAIS ON PEUT SAVOIR QUI VOUS ÊTES ?

JE SUIS AVEC LUI DE MON PLEIN GRÉ.

ET TOI, SI TU APPELAIS LES TROIS RATS QUI SE CACHENT DERRIÈRE TOI ?

NOUS AVONS MIEUX À FAIRE...

KABUTO... JE T'EXPLIQUERAI QUI IL EST PLUS TARD.

FRUSH
FRUSH

IL A TOUT DÉCOUVERT...

FWIP

ZAM

LE GAMIN KYÛBI EST DE LA PARTIE, ON DIRAIT.

HUN HUN... CETTE FACE NE NOUS EST PAS INCONNUE...

JOUONS UN PEU AVEC LUI, IL AIME TELLEMENT ÇA.

ENCORE TOI ?

...

J'AI HÂTE DE LE SAVOIR.

JE ME DEMANDE QUI DE LUI OU DE SASUKE EST LE PLUS FORT.

Kriii

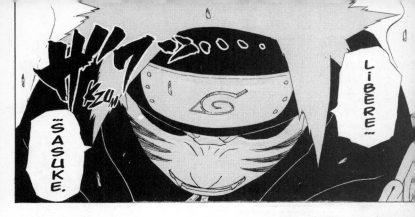

"SASUKE.

LIBÈRE...

IL VA FALLOIR QUE TU COMPRENNES...

"LIBÉRER" N'EST PAS LE TERME ADÉQUAT, MON CHER NARUTO.

···

···

26

ALORS, ACCEPTE LA RÉALITÉ ET CESSE DE PLEURER SUR LE PASSÉ...

SASUKE EST VENU CHEZ NOUS DE SON PLEIN GRÉ.

J'AI TOUTES LES RÉPONSES QUE VOUS VOULEZ, MOI.

VOUS TENEZ TANT À SAVOIR CE QU'EST DEVENU SASUKE...?

POURQUOI VOUS NE VENEZ PAS LES CHERCHER ?

TU NE COMPRENDS RIEN AUX SENTIMENTS DE NARUTO !

LA FERME, BINOCLARD !!

ON N'EST PAS TOUS AUSSI FROIDS ET CALCULATEURS QUE TOI !

-BROM-

KYAH!

BRAM

HUNG !!!

...?!

BLUB!

BLUB!

QU'EST-CE QUE C'ÉTAIT?!

...!

COMMENT?

NARUTO...

...

STRATÉGIE DU BATIFOLAGE

STRATÉGIE DU BATIFOLAGE

ÇA Y EST...
IL S'EST
MANIFESTE.

...

... ELLES
POUSSENT
UNE PAR
UNE.

ON VOIT
CLAIREMENT
LES QUEUES
DANS LA
SILHOUETTE
DE CHAKRA...

LE STADE
FINAL...

...

...

... C'EST LA
TRANSFOR-
MATION
COMPLÈTE
EN KYÛBI.

32

... C'ÉTAIT AU COURS DE L'ENTRAÎNEMENT DE NARUTO...

... QUAND J'AI VU LA 4e QUEUE DE CHAKRA DE KYÛBI.

IL AVAIT TOUT D'UN PETIT DÉMON-RENARD.

JUSQU'À LA 3e QUEUE, NARUTO PARVENAIT À GARDER SES ESPRITS.

SOUS L'IMPULSION DE LA COLÈRE, LES QUEUES DU DÉMON-RENARD S'ÉTAIENT MISES À POUSSER.

IL N'ÉTAIT PLUS GUIDÉ QUE PAR LA VOLONTÉ DE TOUT DÉVASTER.

MAIS À L'APPARITION DE LA 4e, IL A PERDU TOUT DISCERNEMENT...

... QUE LE SCEAU S'EST FRAGILISÉ AVEC LE TEMPS,

... MAIS JE SUPPOSE...

JE N'AI RIEN POUR LE PROUVER...

ALORS QU'IL PORTE LE SCEAU DU 4e HOKAGE ?

C'EST INSENSÉ...

ON POURRAIT CROIRE QU'ELLE LE PROTÈGE...

IL Y A AUTRE CHOSE. QUAND IL FAIT APPEL À KYÛBI, ON VOIT MÊME APPARAÎTRE LA GANGUE, UNE ENVELOPPE CHAKRA QUI REPREND L'ASPECT DU DÉMON-RENARD.

... MAIS EN FAIT, C'EST LE CONTRAIRE QUI SE PASSE. LA GANGUE LUI INFLIGE DE TERRIBLES DÉGÂTS PHYSIQUES.

À L'APPARITION DE LA 4e QUEUE...

L'ORGANISME DE NARUTO VA SE DÉTÉRIORER DE MANIÈRE PRÉCOCE, ET SON ESPÉRANCE DE VIE SE RÉDUIRE.

MAIS EN RÉPÉTANT CE CYCLE DE BLESSURES ET DE GUÉRISONS TROP FRÉQUEMMENT...

... SON CORPS EST COUVERT DE SANG... LA SOUFFRANCE EST TELLE QU'IL SE DÉCHAÎNE SUR TOUT CE QUI L'ENTOURE.

ENSUITE, QUAND L'ENVELOPPE SE DISSIPE, LES BLESSURES DE NARUTO SE RÉSORBENT DEPUIS L'INTÉRIEUR SOUS L'EFFET DU CHAKRA DE KYÛBI.

YAMATO.

C'EST JUSTEMENT POUR CELA QUE NOUS AVONS BESOIN DE TOI...

...

TU AS REÇU LES CELLULES DU 1er HOKAGE.

TU ES DÉSORMAIS LE SEUL EN MESURE DE CONTRÔLER UN RÉCEPTACLE.

NOUS COMPTONS SUR TOI...

PAR MALHEUR, C'EST JUSTEMENT NARUTO...

... QUI PORTE LE PENDENTIF DU 1er.

KYÛBI DÉPLOIE TOUJOURS PLUS DE PUISSANCE...

NARUTO... TU AS FAIT BEAUCOUP DE PROGRÈS EN TANT QUE RÉCEPTACLE.

NARUTO...

LES RÉCEPTACLES ONT POUR PARTICULARITÉ DE POUVOIR DÉVELOPPER UNE PUISSANCE HORS DU COMMUN EN S'HARMONISANT AVEC LEUR BIJU...

!

STAP

STAP

STAP

STAP

JE VOIS QUE TU COMMENCES ENFIN À ENTRER DANS LE RÔLE...

... NARUTO.

QUANT À TOI... TU AS ÉTÉ CHOISI POUR LE TENIR À L'ŒIL, N'EST-CE PAS ?

COMME QUOI MES EXPÉRIENCES N'AURONT PAS ÉTÉ COMPLÈTEMENT INUTILES...

STAP STAP

...?

HM ?

MON MIGNON PETIT COBAYE...

J'ATTENDS DE LA RECONNAISSANCE DE LA PART DE KONOHA...

IL ÉTAIT L'UNIQUE NINJA SUR TERRE CAPABLE D'UTILISER LES TECHNIQUES MOKUTON, MAIS AUSSI DE MANIPULER LES BIJÛ À SA GUISE...

IL FAUT ME COMPRENDRE...

TOUT REMONTE À L'ÉPOQUE OÙ JE BRÛLAIS D'ACQUÉRIR LE POUVOIR DU 1er HOKAGE...

QUI EST CET HOMME, AU JUSTE ?

VOTRE "COBAYE" ?

ZUP

... POUR ENSUITE IMPLANTER DES CELLULES SOUCHES SUR 16 JEUNES SUJETS.

J'AVAIS EFFECTUÉ DES PRÉLÈVEMENTS GÉNÉTIQUES SUR SON CADAVRE...

DU MOINS, C'EST CE QUE JE CROYAIS...

... MAIS, DE TOUTE ÉVIDENCE, L'UN D'EUX A SURVÉCU.

... ET ILS SONT TOUS DÉCÉDÉS TRÈS RAPIDEMENT.

MAIS IL Y A EU UN REJET TRÈS BRUTAL DE LA PART DE LEUR ORGANISME...

ON PEUT DIRE QUE VOTRE EXPÉRIENCE AURA PRIS DU TEMPS, MAIS ÇA Y EST, VOUS TENEZ ENFIN UN ÉCHANTILLON VIABLE !

VOILÀ POURQUOI IL MAÎTRISE LES TECHNIQUES MOKUTON !

...

PUBLICATION DES RÉSULTATS

N°13 : HINATA HYÛGA
1048 voix

N°14 : KABUTO YAKUSHI
829 voix

N°15 : KIBA INUZUKA
677 voix

N°16 : TEMARI
671 voix

N°17 : INO YAMANAKA
662 voix

N°18 : ROCK LEE
640 voix

N°19 : KANKURÔ
519 voix

N°20 : GAÏ MAITO
503 voix

N°21 : ASUMA SARUTOBI
449 voix

N°22 : TENTEN
395 voix

N°23 : HAYATE GEKKÔ
283 voix

N°24 : OROCHIMARU
237 voix

N°25 : GEMMA SHIRANU'I
230 voix

N°26 : SHINO ABURAME
226 voix

N°27 : HAKU
168 voix

N°28 : TAYUYA
164 voix

N°29 : TSUNADE
161 voix

N°30 : KIMIMARO
148 voix

292e ÉPISODE : TROISIÈME QUEUE...!!

CINQUIÈME GRAND CONCOURS, AU JAPON, DE POPULARITÉ DES PERSONNAGES DE NARUTO !!

1er : SASUKE UCHIWA
3242 voix

N°2 : KAKASHI HATAKE
2916 voix

N°3 : DEIDARA
2555 voix

N°4 : NARUTO UZUMAKI
2283 voix

N°5 : IRUKA UMINO
2232 voix

N°6 : SASORI
1949 voix

N°7 : GAARA
1934 voix

N°8 : NEJI HYÛGA
1785 voix

N°9 : HOKAGE LE 4E
1458 voix

N°10 : SHIKAMARU NARA
1409 voix

N°11 : ITACHI UCHIWA
1369 voix

N°12 : SAKURA HARUNO
1359 voix

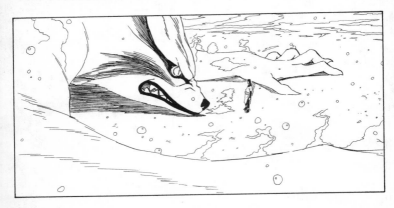

BLUB
BLUB
BLUB

GROAAAAAAAAW!!

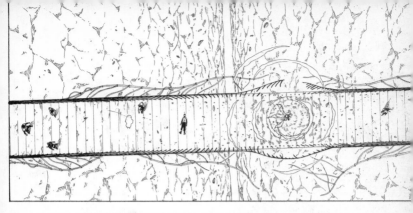

CE CHAKRA... MALSAIN...

C'EST DONC ÇA, LE POUVOIR DES RÉCEPTACLES ?

ÇA SIGNIFIE QU'IL A SORTI SA 3e QUEUE...

IL N'Y A PAS D'ERREUR POSSIBLE. C'EST BIEN L'ENVELOPPE DU RENARD...

... ET LE POUVOIR DE KYÛBI.

VOILÀ DONC NARUTO UZUMAKI...

CE N'EST PAS UN CHAKRA QUE L'ON PEUT CONTRÔLER.

JE LE SENS SUR MA PEAU...

RTAN

KYAH!

FWUSH

TOM

BROLOM
et
BROM

PONK

RIEN
QU'AVEC
SON
CHAKRA...

HUNG!

VRZZ

!

FRUSH

WOM

S'ÉVANOUIR DANS UN MOMENT PAREIL, FRANCHE-MENT !

ELLE S'EST COGNÉ LA TÊTE EN TOMBANT TOUT À L'HEURE ?

ガラ ガラ VRRR VRRR

ドズーン WOOO !

ドドーン KRGHH

... MA MISSION SECRÈTE VA POUVOIR DÉBUTER.

シュッ ZAP

ガラ ガラ VRRR VRRR

FINALEMENT...

ズッ ZUD

56

NINPÔ !
TOILE AUX MONSTRES
FANTOMATIQUES !

TAMP

SBOOF

VRUU
VRUU

SHAP
SHAP

KRUMB

KRUMB

KRUMB

SAÏ !
OCCUPE-
TOI DE
SAKURA...!

TAMP

FUD

PFYOUU"

GATCH

BLOM

...

...!

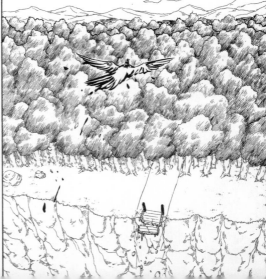

SBOF

PRAAAM

WOOOO

...PSHHH

FRUSH

TU ES LOIN DE VALOIR SASUKE.

C'EST TOUT CE QUE TU PEUX FAIRE, MALGRÉ LA PUISSANCE DU DÉMON QUI T'HABITE ...?

BLUB BLUB!

RUUH...

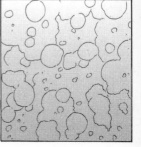

64

* SCEALI.

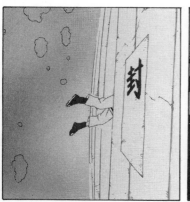

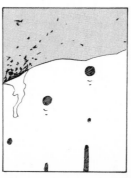
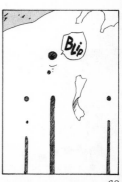

REPRENDS-TOI, SAKURA !

CETTE SENSATION... C'EST DIFFÉRENT DE CE QUE J'AI RESSENTI CHEZ LUI JUSQU'À PRÉSENT.

COMMENT TE SENS-TU ?

...

HM~

HÉ...!

DÉSOLÉE...
JE VAIS BIEN
MAINTENANT...

URF
!!!

KZIN

BLOM

J'AI UN MAUVAIS
PRESSENTIMENT...

FUP

WOOO
ズズ…

MOKU
BUNJIN
!!!
CLONE
LIGNEUX !

ズズ… WOOO

DASH

!

DASH

TAP

TAMP

ZLOM ズォォォォ

C'EST NARUTO QUI A FAIT ÇA.

QUE S'EST-IL PASSÉ...?

...

EN FACE, DE L'AUTRE CÔTÉ DU PONT.

AUX PRISES AVEC OROCHIMARU.

OÙ EST-IL ?!

!

PFYÛ...

BUF

BZZOOM

LOS, C'EST NARUTO...

JE COMPRENDS POURQUOI ILS LE CONVOITENT TANT.

LE POUVOIR DES RÉCEPTACLES...

74

... CE GAMIN.

IL VAUT LE DÉTOUR, VRAIMENT...

MALEDICTION...

GRRR...

GWAH

BAAAOM

QUELLE
DÉFLAGRATION !
D'UN SIMPLE
MOUVEMENT
DE BRAS !
HALLUCINANT !

FFFFFFH

IMPOSSIBLE DE
S'APPROCHER...

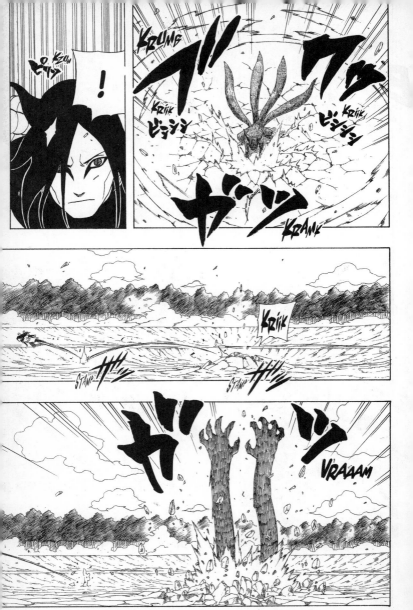

SBLUSH

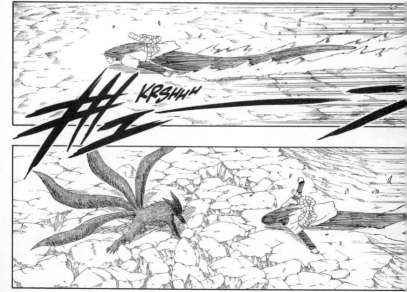

KRSHHH

Fwp

GKRASH

VLUSH

FLUSH

CA ALORS... LA 4e QUEUE EST SORTIE...

VOUS AVEZ L'AIR DE SAVOIR UN TAS DE CHOSES SUR NARUTO.

CHEF YAMATO...

...

CROIS-MOI...

NE T'INQUIÈTE PAS, SAKURA...

QU'EST-CE QU'IL LUI ARRIVE, EXACTEMENT ?

...

... SI NOS DIRIGEANTS M'ONT CHOISI POUR CETTE MISSION.

CE N'EST PAS PAR HASARD...

APPAREMMENT, SASORI NE VIENDRA PAS.

!

STAP

... C'EST QU'IL SE FIE À VOTRE VALEUR.

SI LE GRAND SASORI LUI-MÊME VOUS ENVOIE...

J'IMAGINE QU'IL VOUS AVAIT CHARGÉ D'ÉLIMINER OROCHIMARU.

LES MEMBRES D'AKATSUKI AUSSI BRÛLENT D'ENVIE DE VOIR MON MAÎTRE DISPARAÎTRE.

C'EST LUI QUI VOUS A INDIQUÉ LE LIEU DE NOTRE RENDEZ-VOUS, N'EST-CE PAS ?

ALORS, J'AI DU MAL À M'EXPLIQUER POURQUOI IL A CONFIÉ CETTE TÂCHE À DES TIERS.

LA SEULE RÉPONSE POSSIBLE, C'EST QU'IL N'EST PLUS EN MESURE DE LE FAIRE LUI-MÊME.

MAIS QUAND MÊME... SASORI ÉTAIT DÉVORÉ PAR LE RESSENTIMENT ENVERS MAÎTRE OROCHIMARU.

IL AURAIT TOUT DONNÉ POUR LE TUER DE SES PROPRES MAINS.

... SOIT IL N'EST PLUS DE CE MONDE.

SOIT IL EST RETENU PRISONNIER...

NIARK

EN VOILÀ, UNE EXCELLENTE NOUVELLE !

...

C'EST LA DEUXIÈME OPTION, MALHEU-REUSE-MENT.

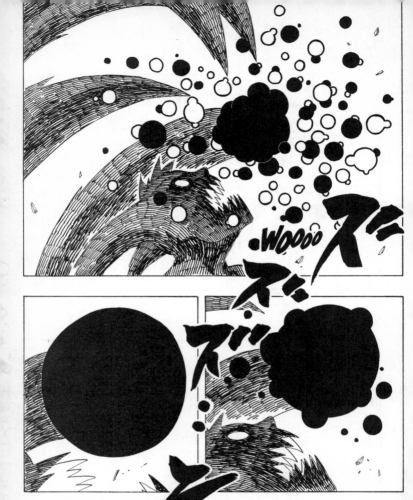

WOOOO

ÇA NE ME
DIT RIEN
DE BON...

 **LES MEILLEURES CRÉATIONS DE PERSONNAGES DES LECTEURS JAPONAIS (1re PARTIE)**

VIVE GAARA (DÉPARTEMENT DE TOTTORI)
C'EST EFFRAYANT DE LE VOIR RENTRER DANS SA CARAPACE ET AVANCER D'UNE MAIN ! (RIRES.) TRÈS TRÈS BON. LA FANTAISIE EST AU RENDEZ-VOUS !

MUTSU (DÉPARTEMENT D'IWATE)
DES JUMELLES, DONC. ELLES ONT SÛREMENT DE MEILLEURES RELATIONS QUE SAKON ET UKON ! UN EXCELLENT DESSIN.

PANCY (DÉPARTEMENT DE TOKYO)
INTÉRESSANTE, CETTE IDÉE DE BALLON DE PAPIER. SI ELLE AIME LES RONDEURS ET SUIT TOUJOURS CHÔJI DU REGARD, C'EST QU'ELLE EN EST PEUT-ÊTRE AMOUREUSE, NON ? UN EXCELLENT PERSONNAGE, EN TOUT CAS !

HARUKA SUZUKI (DÉPARTEMENT DE TOKYO)
C'EST UN NINJA TAKOYAKI (BROCHETTES DE PIEUVRES) SI J'AI BIEN COMPRIS. J'IMAGINE QU'IL INVOQUE D'ÉNORMES PIEUVRES POUR LES DÉCOUPER, LES METTRE SUR UNE PLAQUE CHAUFFANTE ET... J'ARRÊTE LÀ.

295ᵉ ÉPISODE: VERS KYÛBI...!!

SBRAAAM

...J'Y PASSE À COUP SÛR.

SI JAMAIS J'ENCAISSE UNE CHARGE DE CHAKRA AUSSI CONCENTRÉE...

QUEL GIGANTESQUE BOUILLONNEMENT ! ET CE N'EST PAS QU'UNE AFFAIRE DE QUANTITÉ... CE CHAKRA N'A RIEN À VOIR AVEC CELUI DE NARUTO...

IL EMPESTE LA MALVEILLANCE...

IL SE SERT DU CORPS DE NARUTO COMME D'UN POINT D'ANCRAGE... ON A VÉRITABLEMENT AFFAIRE À UN KYÛBI MINIATURE.

LE CHAKRA QUI S'ÉCHAPPE DE NARUTO CHERCHE À SE STABILISER... IL PREND PEU À PEU LA FORME DE KYÛBI, ON DIRAIT.

PGHHH

...AVEC UNE TELLE HORREUR AU TRÉFONDS DE SES ENTRAILLES ?

COMMENT CE GARÇON PEUT-IL SURVIVRE...

TAMP TAMP

NARUTO, COMMENT FAIS-TU ?

ZUU

GHOB

BAOOOW

COMME
TU
VOUDRAS...

CHAK

CHAK

SANJU RASHÔMON!
LE TRIPLE
REMPART!

FWUSH

BAOM

LA PHASE
D'OBSERVATION
EST BIEN
TERMINÉE...
QUEL COMBAT
PRODIGIEUX !

HUNG !

PAOOOM

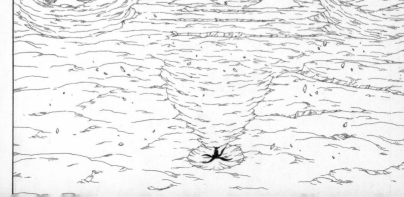

QUE S'EST-IL PASSÉ ?!

IL EST DONC SI REDOUTABLE ?!

CHAK

!

...!

...!!

KYÛBI SE RAPPROCHE À GRANDS PAS.

...

NARUTO..

M. (DÉPARTEMENT DE FUKUSHIMA)
CE NINJA A LE TEINT TRÈS PÂLE. SON PETIT CÔTÉ
MÉLANCOLIQUE EN FAIT UN PERSONNAGE FASCINANT.

TAKEKO (DÉPARTEMENT DE SHIZUOKA)
ÇA, C'EST UNE ATTAQUE INTÉRESSANTE !
ON PEUT IMAGINER TOUT UN TAS DE FIGURES.
JE SUIS BIEN TENTÉ DE REPRENDRE CETTE IDÉE !

SAYAPECHIN (DÉPARTEMENT DE KANAGAWA)
BONNE ENVERS TOUT LE MONDE, ELLE TRAITE NARUTO
COMME SON PROPRE FRÈRE. VOILÀ UNE FILLE TRÈS BIEN !
TROP CHOU !

YÛKICHI (DÉPARTEMENT D'OSAKA)
ELLE EST PLEINE DE VITALITÉ, VRAIMENT CHARMANTE !
MOI AUSSI, JE SAIS SAUTER À LA CORDE 200 FOIS SANS
ME PLANTER. (JE NE PLAISANTE PAS.)

PLUS QU'À UN COMBAT ENTRE NINJAS...

...

NARUTO...

GNUD

ズキン
ドキン

... C'EST À UN DUEL FRATRICIDE ENTRE DEUX MONSTRES QUE NOUS ASSISTONS.

HUN HUN HUN...

RIEN NE PEUT L'ARRÊTER...

REGARDEZ ÇA.

... POUR SAUVER SON CHER SASUKE.

GWOOOOOOH!!!

...

C'EST COMME ÇA QUE JE CONÇOIS MON NINDÔ !!!

JE NE REVIENS JAMAIS SUR MA PAROLE !

J'AI JURÉ...

SAKURA, ÉCOUTE !

JE TE LE PROMETS !!!

TU PEUX EN ÊTRE SÛRE, JE RAMÈNERAI SASUKE.

À L'HEURE QU'IL EST, SA CONSCIENCE S'EST DÉJÀ ENVOLÉE...

Ž7... BLÍB

QUEL PAUVRE BOUGRE...

GRRR...

KRiii

C'EST TROP DANGEREUX D'APPROCHER NARUTO DANS L'ÉTAT OÙ IL EST !!

SAKURA ! REVIENS !

!

DASH

...

LAISSE-MOI FAIRE ! C'EST MOI QUI SAUVERAI SASUKE !

ARRÊTE !!!

CA SUFFIT COMME ÇA !

NARUTO !!!

BON SANG !!

PASH

!

TU M'ENTENDS ?!

NE TE MÊLE PLUS DE ÇA !

KRSH

NARUTO EST-IL MORT ?

QU'EST-CE QUE ÇA DONNE ?

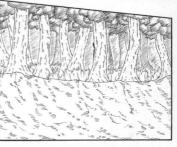

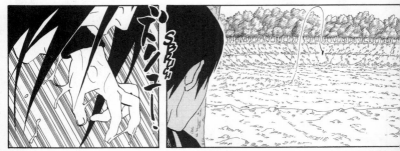

JE DOIS SAISIR CETTE OCCASION...

ドチャ
SBLASH

UURGH...!

ドリュリュエ
VLLTCH

JE ME DOUTAIS BIEN QUE CE CORPS FINIRAIT PAR ME REJETER...

DOMMAGE, JE M'AMUSAIS BIEN...

SBAM
ドガッ

HUN HUN HUN...

HUN...!!

LA FÊTE EST FINIE, ON DIRAIT...

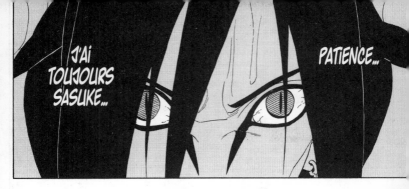

J'AI
TOUJOURS
SASUKE...

PATIENCE...

AAH!!!

Kiii ギギギ

ドツ
-SBOM

HNNG!!

GRRR...

MISÈRE... JE M'Y SUIS PRIS TROP TARD.

GATCH

EN FAIT, CE SERAIT MÊME PLUTÔT LE CONTRAIRE...

ALLONS, PAS DE CONCLUSION HÂTIVE.

JE N'AI PLUS L'INTENTION DE VOUS FAIRE DU MAL...

BAS LES PATTES !

! ....

BZUUUM

QUE VEUX-TU DIRE ?

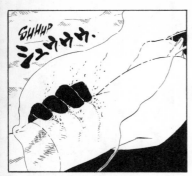

GHHHP

WOOO

METTRE DES BÂTONS DANS LES ROUES D'AKATSUKI.

VOUS ET MOI AVONS LE MÊME OBJECTIF.

...

... JE ME DIS QUE VOUS POURREZ PEUT-ÊTRE NOUS DÉBARRASSER D'UN AUTRE DE LEURS MEMBRES.

ET EN VOUS LAISSANT LA VIE...

NARUTO...

...

WOOOOOH!!!

BRAK

KROK

MAÎTRE OROCHIMARU AUSSI N'EN A PLUS POUR LONGTEMPS...

... JE VOUS LAISSE VOUS EN CHARGER.

QUANT À LUI, VU QU'IL S'AGIT DE VOTRE COMPA-GNON...

パラパラ
Prik
Prik

HUNG ...!

CRA-CRAK

フゥ... FFFF

PASH
PASH

C'EST MAINTENANT OU JAMAIS...!

FWAB
FWAB

FWAB

FWAB

FWOP

KAKUAN NITTEN SUISHU !!

LE REMPART DU RETOUR À LA SOURCE !!

座

HOKAGE SHIKI JIUN JUTSU !!

ARCANES DU HOKAGE ! LES SIX DÉCENNIES !!

* SIÈGE.

STAP

TOMP

KRSHHH

OUUUARG!!!

NARUTO...

...

!

J'AIMERAIS M'ENTRETENIR AVEC VOUS.

N'AYEZ CRAINTE, JE NE SUIS PAS VOTRE ENNEMI.

C'EST MAÎTRE DANZÔ QUI M'ENVOIE.

MAÏ NAKAGAWA (DEPARTEMENT DE NARA)
C'EST UN PERSONNAGE INVOQUÉ ? UN NINJA ?
ENFIN, PEU IMPORTE, L'IMPORTANT,
C'EST QU'IL SOIT CHOU !

RYOKO SUZUKI (DEPARTEMENT DE CHIBA)
L'IDÉE DU BILBOQUET EST VRAIMENT TRÈS SYMPA.
LE DESSIN DANS LE CREUX DE LA MAIN AUSSI EST
BIEN PENSÉ. JE DOIS VOUS DIRE QUE J'AI REÇU
UNE TONNE DE DESSINS AVEC DES BILBOQUETS.

KEIKO KIOMARU (DEPARTEMENT DE TOKYO)
EN VOILÀ DES PETITES CRÉATURES TOUTES MIMI !
TU EN AS D'AUTRES EN STOCK ?

LANDO (DEPARTEMENT DE MIE)
REVOILÀ UN DESSIN AVEC UN BILBOQUET.
J'AI CHOISI CELUI-LÀ, CAR LE PERSONNAGE SEMBLE
ÊTRE ASSIS DESSUS.

298e ÉPISODE : LA MISSION DE SAÏ !!

ALORS VOILÀ...

EN FAIT, MAÎTRE DANZÔ M'A CHARGÉ DE VOUS DÉLIVRER UN MESSAGE.

AVANT QUE TU NE COM-MENCES...

BON, JE T'ÉCOUTE, QU'AS-TU À ME DIRE ?

ALORS, COMME ÇA, CE VIEUX DÉBRIS EST ENCORE DE CE MONDE ?

DANZÔ, TU DIS...

ÉVIDEMMENT, SI CELLES-CI VENAIENT À VOUS DÉPLAIRE, LIBRE À VOUS D'AGIR EN CONSÉQUENCE.

RASSUREZ-VOUS, JE NE FERAI QUE RÉPÉTER LES PAROLES DE MON MAÎTRE.

SANS QUOI, CELA POURRAIT TE COÛTER LA VIE.

JE TE CONSEILLE DE BIEN CHOISIR CHACUN DE TES MOTS.

SPLASH

SBLUB

GHHUP

GHUP

KLANK

BLITCH

PRAK

...

LORSQU'ON S'ADRESSE À UN AÎNÉ...

...ON SE TIENT BIEN EN VUE POUR PARLER.

140

... MAIS JE DOIS DIRE QUE JE NE M'ATTENDAIS VRAIMENT PAS À CA.!

JIRAYA M'AVAIT BIEN PARLÉ DE LA 4° QUELLE.

JUSQU'ICI, NARUTO RÉCUPÉRAIT PLUS VITE GRÂCE AU CHAKRA DE KYÛBI...

SES BLESSURES METTENT DU TEMPS À SE RÉSORBER...

HUMPF !

ブウウウ・
BZUUUM

URGH ...!

UUUH...

WOOO...

... VOUS VOUDREZ BIEN ME L'APPRENDRE ?

LA TECHNIQUE QUE VOUS VENEZ D'EMPLOYER POUR NEUTRALISER NARUTO...

CHEF YAMATO...

POUR MAÎTRISER CETTE TECHNIQUE, IL FAUT POSSÉDER DES CELLULES COMPATIBLES AVEC CELLES DE HOKAGE LE 1er. OR, JE SUIS LE SEUL À KONOHA À AVOIR CETTE SPÉCIFICITÉ.

C'EST HÉLAS IMPOSSIBLE...

... JE MAÎTRISE BEAUCOUP MOINS BIEN QUE LUI...

... CETTE TECHNIQUE QUI FORCE LE CHAKRA DE KYÛBI À S'APAISER.

SEULEMENT, COMME JE NE SUIS QU'UNE PÂLE COPIE EXPÉRIMENTALE DE HOKAGE LE 1er...

LE COLLIER QUE NARUTO PORTE AU COU...

... APPARTENAIT AUTREFOIS À HOKAGE LE 1er.

...

ET C'EST AUSSI LA RAISON POUR LAQUELLE ON M'A NOMMÉ À LA TÊTE DE CETTE UNITÉ.

ON RACONTE QUE LE 1er HOKAGE DEVAIT SON TITRE AU FAIT QU'IL POSSÉDAIT CE POUVOIR.

IL PERMET DE MAÎTRISER LA PUISSANCE D'UN RÉCEPTACLE...

C'EST UN SPATH DE CHAKRA...

... QUI NE RÉAGIT QU'EN PRÉSENCE DU CHAKRA DE HOKAGE LE 1er.

ÇA NE CHANGERA DONC JAMAIS...

HH

HH

TOUT CE QUE JE PEUX FAIRE POUR LUI...

... EST TOUJOURS TELLEMENT INSIGNIFIANT.

...?

L'IMPORTANT, C'EST LA PROFONDEUR DE TES SENTIMENTS POUR LUI, TU NE CROIS PAS ?

QU'IL S'AGISSE DE CHOSES GRANDIOSES OU INSIGNIFIANTES, LE PROBLÈME N'EST PAS LÀ.

...

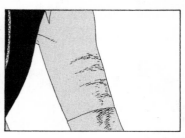

...

... QU'EN VÉRITÉ, TU ES...

SAKURA, LORSQU'ON T'OBSERVE, ON VOIT TOUT DE SUITE...

TSS'

OUH LÀ... MA TÊTE...

!

!

SA... SAKURA...

MAIS... POURQUOI TU PLEURES, SAKURA ?

HEIN ?

QU'EST... QU'EST-CE QU'IL M'EST ARRIVÉ ?

NARUTO...

UURGH?!

T'AURAIS AU MOINS PU M'ÉPARGNER LA "BRUTE ÉPAISSE" !!

ESPÈCE D'ABRUTI !

TOMP

IL T'A TRAITÉE DE BOUDIN OU DE BRUTE ÉPAISSE, C'EST ÇA ?

L'ENFOIRÉ ! IL NE PERD RIEN POUR ATTENDRE !!

JE SAIS ! C'EST ENCORE CETTE LANGUE DE VIPÈRE DE SAÏ QUI T'A DIT QUELQUE CHOSE DE BLESSANT !!

SCRUT SCRUT SCRUT

AU FAIT, CHEF YAMATO, OÙ EST PASSÉ SAÏ ?!

!

COMMENT SAVOIR...

... SI TU DIS LA VÉRITÉ ? AS-TU DES PREUVES ?

ZUD

FRUP

....!

148

DORÉNAVANT, CE GARÇON EST À NOTRE SERVICE.

ALLONS... CALME-TOI, KABUTO...

VOUS CROYEZ QU'ON PEUT LUI FAIRE CONFIANCE ?

...

FUP

OUVREZ CETTE MISSIVE CACHETÉE, S'IL VOUS PLAÎT...

C'EST DE LA PART DE MAÎTRE DANZÔ.

MAIS... C'EST...

KABUTO...

... VEUX-TU BIEN RELÂCHER CE GARÇON ?

...

QUE CONTIENT-ELLE ?

DOOM... ZUD

NOUS ALLONS L'EMMENER AVEC NOUS.

ET SI ON SE METTAIT EN ROUTE ?

SAÏ, C'EST BIEN ÇA ?

ZP

FRUSH FRUSH

JE L'AURAIS PARIÉ...

ISHIWARA MIKI (TOKYO)
UN REGARD ET UNE ALLURE COOL !

SHIRAKO RIHO (DÉPARTEMENT DE HYOGO)
"SA GUEULE RENFERME UN TROU NOIR." ÇA VEUT DIRE
QU'IL ASPIRE TOUT COMME UN TROU NOIR, C'EST ÇA ?

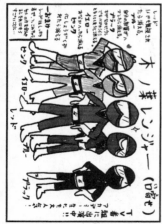

CACTUS (DÉPARTEMENT D'OSAKA)
D'HABITUDE, DANS CE GENRE DE GROUPE, ON COMMENCE PAR
"FORCE ROUGE". SAUF QUE, S'IL DISPARAÎT AUSSITÔT QU'ON L'IGNORE,
COMME C'EST ÉCRIT, C'EST MAL PARTI. SURTOUT QU'APRÈS ON PRÉCISE
QU'ILS DOIVENT ÊTRE TOUS LES 5 RÉUNIS POUR ÊTRE INVINCIBLES !

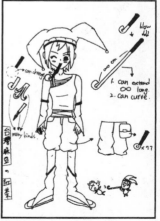

XIE XIN-NI (TAIWAN)
LES ACCESSOIRES SONT TIP-TOP !
LE PRIX DE L'INVENTION POUR LEUR AUTEUR !

LA FILATURE EST JUSTEMENT MA SPÉCIALITÉ...

BON, JE VAIS LES SUIVRE DISCRÈTEMENT...

J'AI PRIS MES PRÉCAUTIONS À LA STATION THERMALE.

AU FAIT, OÙ EST SAÏ ?

SAÏ ?

IL EST PARTI AVEC OROCHIMARU...

LE PONT...

...

SUIVEZ-MOI !

COMMENT ÇA ?!

?!

QUOI ?!

QU'EST-CE QUI A BIEN PU SE PASSER ?

ET LE PONT EST EN MIETTES...

TOUT LE PÉRIMÈTRE A ÉTÉ RAVAGÉ...

ON DIRAIT QUE LA TERRE A ÉTÉ RETOURNÉE...

KROU KROU

C'EST EXACTEMENT CE QUE M'AVAIT DIT JIRAYA...

TU NE TE SOUVIENS DE RIEN ?

À PROPOS, POURQUOI SUIS-JE TOMBÉ DANS LES POMMES ?

TU AS ENCAISSÉ UNE PUISSANTE ATTAQUE D'OROCHIMARU...

AH BON ?! RAAAH... L'ORDURE !

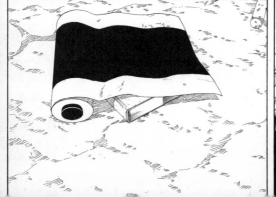

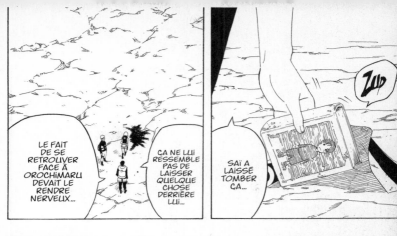

LE FAIT DE SE RETROUVER FACE À OROCHIMARU DEVAIT LE RENDRE NERVEUX...

ÇA NE LUI RESSEMBLE PAS DE LAISSER QUELQUE CHOSE DERRIÈRE LUI...

SAÏ A LAISSÉ TOMBER ÇA...

?

VOUS SAVEZ CE QUI S'EST PASSÉ ?

... ET J'ÉTAIS EN CONTACT PERMANENT AVEC LUI GRÂCE À MA RADIO.

OUI, CAR MON CLONE ÉTAIT LÀ...

QU'EST-CE QUE ÇA VEUT DIRE ?

... SAÏ A DISCUTÉ AVEC OROCHIMARU ET KABUTO...

... ET IL EST PARTI AVEC EUX...

EH BIEN...

ALORS, QU'EST-IL ARRIVÉ À SAÏ ?

HUM... DE QUOI ONT-ILS BIEN PU PARLER ?

MON CLONE ÉTAIT TROP LOIN... JE N'AI RIEN ENTENDU...

ET DE QUOI ONT-ILS DISCUTÉ ?

IL SEMBLAIT VISIBLEMENT DÉSIREUX DE GAGNER SA CONFIANCE...

À VRAI DIRE, JE NE PENSE PAS...

C'EST LUI QUI EST ALLÉ VOIR OROCHIMARU... IL LUI A D'AILLEURS REMIS QUELQUE CHOSE QUE JE N'AI PAS PU VOIR...

IL A PEUT-ÊTRE ÉTÉ FORCÉ DE LES SUIVRE !

C'EST TOUT À FAIT POSSIBLE, AU CONTRAIRE...

SAÏ EST PLUTÔT UN SALE TYPE DANS SON GENRE, MAIS IL NE NOUS TRAHIRAIT QUAND MÊME PAS !

NE CROIS PAS ÇA...

A... ATTENDEZ UN PEU !...

...

?!

... C'EST UN PARTISAN DE L'AILE DURE DU VILLAGE. UN BELLICISTE DONT LA PENSÉE EST FONDÉE SUR UN PRAGMATISME EXACERBÉ. C'EST AUSSI LE MAÎTRE DE SAÏ.

CONTRAIREMENT À LUI...

UN HOMME QUI ASPIRAIT AUTREFOIS AU POSTE DE 3e HOKAGE... ... L'ANTAGONISTE DE FEU MAÎTRE SARUTOBI.

...

JE SUIS LA PETITE-FILLE DE HOKAGE LE 1er, ET LA DISCIPLE DE HOKAGE LE 3e QUI APPARTENAIT À L'AILE DES MODÉRÉS... CROIS-MOI, IL NE ME PORTE PAS DANS SON CŒUR.

DE QUI PARLEZ-VOUS ?

CHEF, CONNAISSEZ-VOUS LE DÉNOMMÉ DANZÔ ?

OUI, BIEN SÛR...

C'EST UN HOMME DE L'AILE DURE QUI S'EST OPPOSÉ AUTREFOIS AU 3ᵉ HOKAGE.

DE LÀ À PENSER QUE DANZÔ...

... UTILISE SAÏ POUR SON PROPRE COMPTE, IL N'Y A QU'UN PAS...

ET IL ÉTAIT EN COMPLÈTE OPPOSITION AVEC LA POLITIQUE DU 3ᵉ HOKAGE.

DU SUPÉRIEUR DE SAÏ...

... QU'IL AIT CHARGÉ SAÏ...

... D'UNE MISSION SECRÈTE TOUT À FAIT DIFFÉRENTE DE LA NÔTRE !

ON PEUT DONC CRAINDRE...

...?

...

C'EST FORT POSSIBLE...

ALORS, SI J'AI BIEN COMPRIS, SAÏ NE NOUS A ACCOMPAGNÉS...

... QUE POUR REMPLIR LA MISSION QUE LUI AVAIT CONFIÉE DANZÔ...

?

JE N'AI AUCUNE PREUVE DE CE QUE J'AVANCE...

... MAIS ON NE PEUT PAS EXCLURE CETTE HYPOTHÈSE.

JE ME DEMANDE SI DANZÔ N'EST PAS EN TRAIN DE PLANIFIER LA DESTRUCTION DE KONOHA...

... ET POUR CELA, ON PEUT PENSER QU'IL VA PROPOSER À OROCHIMARU D'ATTAQUER DE NOUVEAU KONOHA...

IL PROJETTE SÛREMENT DE RENVERSER TSUNADE...

QUOI?!

... DANZÔ S'EST SÛREMENT DIT QUE CE DEVAIT ÊTRE LE MOMENT IDÉAL...

... POUR NÉGOCIER AVEC OROCHIMARU.

APRÈS L'ÉCHEC DE L'ATTAQUE D'OROCHIMARU SUR KONOHA...

IL POURRAIT AINSI FAIRE TABLE RASE DE L'ANCIEN SYSTÈME, ET RÉORGANISER LE VILLAGE ET SES INSTITUTIONS CONFORMÉMENT À SES IDÉES...

CE SERAIT L'OCCASION POUR LUI DE REVENIR SUR LE DEVANT DE LA SCÈNE ET DE DEVENIR LE NOUVEAU HOKAGE.

... CONSISTAIT SÛREMENT À ENTRER EN CONTACT AVEC OROCHIMARU EN VUE DE FUTURES NÉGOCIATIONS.

M... MAIS ALORS...

... LA MISSION SECRÈTE DE SAÏ...

JE SAIS... NOUS SOMMES SUIVIS...

MAITRE OROCHI-MARU...

ALORS, QUE FAISONS-NOUS ?

...!

LA QUESTION EST : SOMMES-NOUS SIMPLEMENT SUIVIS DEPUIS UN MOMENT, OU BIEN NOTRE NOUVEL AMI JOUE-T-IL DOUBLE JEU...?

JE CROIS QUE NOUS ALLONS BIENTÔT AVOIR BESOIN D'UN DE TES CADAVRES...

QU'EN DIS-TU, KABUTO ?

... NOUS SERONS PEUT-ÊTRE CONTRAINTS D'ÉLIMINER SAÏ...

VU LA SITUATION...

POUR L'INSTANT, MON CLONE LES SUIT DE PRÈS...

MAIS J'IGNORE COMMENT VA ÉVOLUER LA SITUATION.

...

...

NOUS ALLONS DONC, NOUS AUSSI, PARTIR À LEUR POURSUITE !

EH BEN ?!

...?!

ON Y V...

グラッ・・・

ALORS, C'EST PARTI !

グラッ

IL N'A PAS ENCORE TOUT À FAIT RÉCUPÉRÉ.

NARUTO ! ÇA VA ?!

NARUTO ?!

!

SD BAM

... MAIS NARUTO N'EST PAS EN ÉTAT DE BOUGER...

JE SAIS BIEN QU'ON NE PEUT PAS SE PERMETTRE D'ATTENDRE...

...

MAÎTRE KAKASHI N'AURAIT JAMAIS DIT ÇA !

!

KZUN

ALORS, LAISSONS-LE ICI...

IL POURRA TRÈS BIEN RENTRER SEUL AU VILLAGE.

...ET JE SAIS TRÈS BIEN QUEL GENRE D'HOMME C'EST.

JE SUIS DÉJÀ PARTI EN MISSION AVEC KAKASHI...

...

!

JE PEUX VOUS ACCOMPAGNER...

NE T'INQUIÈTE PAS POUR MOI...

ALORS, LES PHRASES DU GENRE "JE NE VOUS LAISSERAI PAS VOUS FAIRE BLESSER" BALANCÉES AVEC UN GRAND SOURIRE...

... DÉSOLÉ, MAIS CE N'EST PAS MON GENRE !

MAIS C'EST MOI QUI LE REMPLACE...

... ET J'AI MA PROPRE PERSONNALITÉ.

SI ON ATTEND, CE SERA TROP TARD...

SI ON VEUT AVOIR UNE CHANCE DE CAPTURER OROCHIMARU, IL FAUT SE LANCER IMMÉDIATEMENT À LEUR POURSUITE !

NOUS N'AURONS PEUT-ÊTRE PLUS JAMAIS L'OCCASION DE METTRE LA MAIN SUR LUI !

VOUS ÊTES DES NINJAS DE KONOHA, ET VOUS DEVREZ UN JOUR DÉPASSER KAKASHI...

VOUS N'ÊTES PLUS DES APPRENTIS NINJAS QUE LEUR MAÎTRE DOIT PROTÉGER...

IL NE FAUT PAS CONFONDRE BONTÉ ET CHARITÉ !

...

BLIB

SAKURA...

...

NARUTO

LES MEILLEURES CRÉATIONS DE PERSONNAGES DES LECTEURS JAPONAIS

CETTE FOIS-CI,
LA PLUS BELLE CRÉATION
EST ATTRIBUÉE À ALEX
(DÉPARTEMENT DE GIFU) !!
ALEX RECEVRA TRÈS BIENTÔT
UNE ILLUSTRATION DÉDICACÉE
DE SON PERSONNAGE REDESSINÉ
PAR MAÎTRE KISHIMOTO !

"WASABI,
LA FILLE
DES
NEIGES "

LE DESSIN
REVISITÉ
PAR
LE MAÎTRE
!!

SON APTITUDE
À MANIER LE VENT,
SA GRÂCE...
MAIS AUSSI
LES COULEURS
DE L'ORIGINAL...
LE TOUT EST
VRAIMENT
TRÈS RÉUSSI !

299e ÉPISODE 8

LA SOURCE DE TA FORCE...!!

OROCHIMARU,
TU NE
RECULES
DEVANT
RIEN.

...

FRUSH FRUSH FRUSH

FRUSH

TAMP

HUNG...

GHUP

STAK

?!

VRUL

!

FWIIISH

SAKURA!!!

GATCH

SAKURA~

... JE ME DEMANDE COMMENT NARUTO ARRIVE À SUPPORTER UN TEL CHAKRA.

SI SAKURA SUBIT DE TELS EFFETS MALGRÉ SES TECHNIQUES DE NINJUTSU MÉDICAL...

IL S'EST INFILTRÉ PAR SA BLESSURE AU BRAS...

LE CHAKRA DE KYÛBI AGIT COMME UN VÉRITABLE POISON...

...

...

C...
C'EST...

SAKURA...

TOI AUSSI, TU DOIS TE REPOSER !

NE T'INQUIÈTE PAS... ÇA FAIT UN PEU MAL, MAIS C'EST TOUT...

C'EST OROCHIMARU QUI M'A INFLIGÉ CETTE BLESSURE...

SAKURA EST NOTRE SEULE NINJA MÉDECIN.

ON NE PEUT PAS SE PASSER D'ELLE POUR CETTE MISSION !

BIEN, NOUS ALLONS FAIRE UNE PETITE HALTE...

...

IL NE FAUT PAS CONFONDRE VITESSE ET PRÉCIPITATION !

C'EST VRAI, J'AI DIT ÇA...

MAIS L'EMPRESSEMENT PEUT AUSSI NOUS MENER À NOTRE PERTE !

VOUS L'AVEZ DIT VOUS-MÊME...

ON NE PEUT PAS SE PERMETTRE D'ATTENDRE...

ÇA IRA !

ON VA PROFITER DE CETTE PAUSE POUR PRÉPARER NOS SCHÉMAS D'ATTAQUE...

NARUTO, MAINTENANT QUE SAÏ N'EST PLUS LÀ, C'EST TOI QUI ME SERVIRAS DE BINÔME POUR LE COMBAT !

SUIS-MOI !

TU VAS ME LÂCHER, AVEC MA "FORCE MONSTRUEUSE" ?!

TU ES SUPER-IMPORTANTE POUR CETTE MISSION !

IL A RAISON ! TU ES NOTRE SEULE MÉDECIN NINJA, ET TA FORCE MONSTRUEUSE PEUT TOUJOURS NOUS SERVIR !

VOILÀ, ON EST ASSEZ LOIN...

•••

DABA DABA GH GH GH...

J'ARRIVE !

?

AVANT DE COMMEN-CER...

... J'AI QUELQUE CHOSE D'IMPORTANT À TE DIRE.

BON ! ON COMMENCE PAR QUOI ?

CE N'EST PAS OROCHIMARU QUI A INFLIGÉ CETTE VILAINE BLESSURE À SAKURA...

... C'EST TOI, NARUTO.

STAP

...

...

AU FAIT,
IL Y A
CE LIVRE...

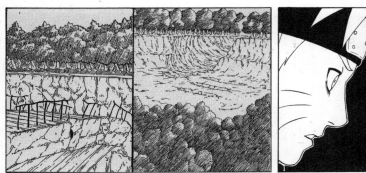

NARUTO...

TU NE TE
SOUVIENS
DE RIEN ?

OUI...
TOUT ÇA,
C'EST
TOI.

ALORS,
LE PONT...
TOUTE
CETTE ZONE
DÉVASTÉE...

LA
BLESSURE
DE
SAKURA...

...

...

SAKURA
T'A MENTI
POUR NE PAS
TE FAIRE DE
LA PEINE...

... JE NE
PEUX LE
FAIRE QUE
SI JE SUIS
À CÔTÉ
DE TOI...

ALORS, TU
N'AS PAS À
T'INQUIÉTER

JE MAÎTRISE
UNE TECHNIQUE
SPÉCIALE QUI
ME PERMET
DE SCELLER LA
PUISSANCE DES
RÉCEPTACLES.
C'EST COMME
ÇA QUE J'AI PU
RAMENER
KYÛBI SOUS
CONTRÔLE !

EN
REVAN-
CHE...

ALORS,
TU TE
DEMANDES
POURQUOI
JE T'EN AI
PARLÉ ?

JE N'ÉTAIS PAS
OBLIGÉ DE TE
DIRE LA VÉRITÉ
MAINTENANT.

ET PUIS TU RISQUES ÉGALEMENT DE BLESSER TES AMIS...

CHAQUE FOIS QUE TU LE LAISSES TE POSSÉDER, TU TE FAIS DU MAL...

MAIS SACHE QUE LORSQUE TU AS RECOURS AU POUVOIR DE KYÛBI...

ÉVIDEMMENT, TOUTE CETTE INCROYABLE PUISSANCE À DISPOSITION...

REGARDE CE QUI VIENT DE SE PASSER AVEC SAKURA...

... TU N'UTILISES PAS TA VÉRITABLE FORCE !

... EST UN ATOUT POUR DÉLIVRER SASUKE PLUS RAPIDEMENT.

... MAIS SURTOUT, NE VA PAS PENSER QUE TU SERAS MOINS PUISSANT...

JE FERAI EN SORTE DE CONTENIR SON POUVOIR...

... MAIS TU AS LAISSÉ L'IMPATIENCE TE GAGNER.

TU SAIS BIEN QUE TU DOIS FAIRE ATTENTION...

DU COUP, TU AS BAISSÉ TOUTES TES BARRIÈRES ET LAISSÉ DÉFERLER LA FURIE DE KYÛBI.

...

... POUR NE PAS AVOIR BESOIN DE KYÛBI.

CONTRAIREMENT À CE QUE TU CROIS, TU ES SUFFISAMMENT FORT COMME ÇA...

D'AILLEURS, SI TU AS PU RÉSISTER TOUT CE TEMPS AU CHAKRA DE CE DÉMON...

... C'EST JUSTEMENT GRÂCE À TON PROPRE CHAKRA !

IL FAUT QUE TU COMPRENNES QUE LA SOURCE DE TA VRAIE FORCE N'EST PAS DANS LE CHAKRA DE KYÛBI !

SI TU VEUX REVOIR SASUKE...

ALORS, SI TU VEUX SAUVER SASUKE, FAIS-LE AVEC TON CHAKRA !

...

... TU DOIS REGARDER AVEC TES YEUX, ET NON PLUS AVEC CEUX DU KYÛBI !

... ET PROTÉGER SAKURA...

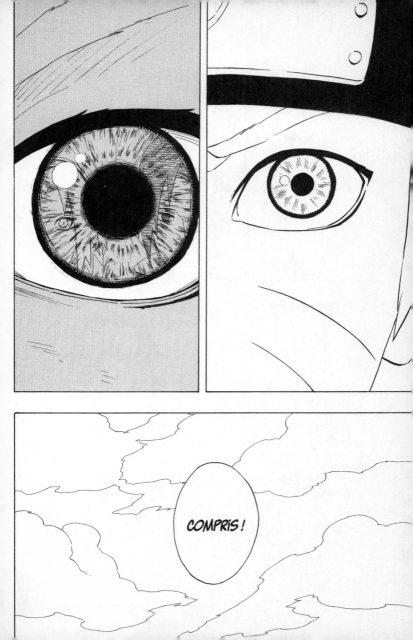

COMPRIS !

PLASH PLASH PLASH
バシャ バシャ バ シャ

PLUS PERSONNE NE NOUS SUIT !

APPAREMMENT, NOTRE RUSE A FONCTIONNÉ !

EN TOUT CAS, COMME À TON HABITUDE, TU AS ACCOMPLI UN EXCELLENT TRAVAIL...

... KABUTO...

OUI, MIEUX VAUT RESTER VIGILANTS...

!

À PROPOS...

DEPUIS QUE JE SUIS À VOS CÔTÉS, J'AI PU TRAVAILLER SUR TANT DE CADAVRES !

C'EST GRÂCE À VOUS, MAÎTRE OROCHI-MARU...

SPLASH SPLASH
バシャ バシャ

JE PENSE QUE LA MISSION QUE LUI A CONFIÉE DANZÔ LUI LAISSERA SUFFISAMMENT DE TEMPS LIBRE...

... QUE DIRIEZ-VOUS DE LE LAISSER M'AIDER POUR MES EXPÉRIENCES ?

PLASH

PLASH PLASH

...

HUM...

FAIS COMME TU L'ENTENDS !

ÇA, C'EST SIGNÉ KABUTO...

C'EST BIEN CE QUE JE PENSAIS, CE N'EST PAS SAÏ...

J'AVAIS UN PEU TROP CONFIANCE EN MA DISCRÉTION... IL VA FALLOIR QUE JE FASSE PLUS ATTENTION.

EN TOUT CAS, ÇA SIGNIFIE QU'ILS M'ONT REPÉRÉ...

J'AI FAILLI TOMBER DANS LEUR PIÈGE...

C'EST À PEINE VISIBLE, MAIS UN ŒIL EXERCÉ PEUT DÉCELER DES POINTS DE SUTURE SUR LE CRÂNE DE CE MALHEUREUX.

TAM HII

QU'EST-CE QU...

...

DIS, TU M'ÉCOUTES ?!

HÉ, VENEZ VOIR !

?

BON, ALORS, DANS CETTE SITUATION...

HEIN ?!

MAIS C'EST LE LIVRE DE SAÏ !

VITE !

?

...

ZUP

QU'EST-CE QUE C'EST QUE CE TRUC ?!

Cindy Pisicaro
17 ans - Wittenheim

Prune
14 ans - Lyon

Aurélien Bayonne
Lyon

カカッ

Adrien Rousset
15 ans - Paris

Pauline Haye
15 ans - Magny-Cours

Delphine Bourguignon
15 ans - Tincry

NARUTO

© 1999 by Masashi Kishimoto
All rights reserved.
First published in Japan in 1999 by SHUEISHA Inc., Tokyo.
French language translation rights in France arranged by SHUEISHA Inc.
through VIZ Media, LLC, U.S.A.
Première édition Japon 1999

© KANA (DARGAUD-LOMBARD s.a.) 2007
7, avenue P-H Spaak - 1060 Bruxelles

Tous droits de traduction, de reproduction et d'adaptation strictement réservés
pour la France, la Belgique, la Suisse, le Luxembourg et le Québec.

Dépôt légal d/2007/0086/360
ISBN 978-2-5050-0242-0

Conception graphique : Les Travaux d'Hercule
Traduit et adapté en français par Sébastien Bigini
Adaptation graphique : Eric Montésinos

Imprimé en France par Maury Imprimeur - Malesherbes